MI VISITANTE DIARIO

EUCARISTÍA

Fr. Patrick Mary Briscoe, OP

Aleteia + OSV
COMPANIONS ON YOUR JOURNEY OF FAITH

Nihil Obstat
Rev. Andrew Hofer, OP
Censor Librorum

Imprimátur
✠ Kevin C. Rhoades
Obispo de Fort Wayne-South Bend
25 de febrero de 2022

Imprimi Potest
Reverendísimo Kenneth R. Letoile, OP
Prior Provincial, Frailes Dominicos, Provincia de San José
16 de febrero de 2022

El *Nihil Obstat* e *Imprimátur* son declaraciones oficiales de que un libro o folleto no contiene errores doctrinales ni morales. No hay allí implicación alguna de que quienes hayan aprobado el *Nihil Obstat* o el *Imprimátur* coincidan con el contenido, las opiniones o afirmaciones expresadas.

27 26 25 24 23 22 1 2 3 4 5 6 7 8 9

Our Sunday Visitor Publishing Division, Our Sunday Visitor, Inc., 200 Noll Plaza, Huntington, IN 46750; 1-800-348-2440; www.osv.com.

ISBN: 978-1-63966-038-4 (Núm. de inventario T2789)
eISBN: 978-1-63966-039-1

Diseño interior/portada: Tyler Ottinger
Arte de la portada: Adobe Stock
Arte del interior: Adobe Stock, The Crosiers

IMPRESO EN LOS ESTADOS UNIDOS

Un regalo increíble

En 2019, una encuesta del Pew Research Center descubrió que el 61% de los católicos estadounidenses cree que, en la Misa, el pan y el vino "son símbolos del Cuerpo y la Sangre de Jesucristo". Sólo el 31% cree en la doctrina católica que afirma que, al ser consagrados, "el pan y el vino en realidad se convierten en el Cuerpo y la Sangre de Jesús". Para salir de esta incertidumbre, los obispos de EE. UU. han llamado a un avivamiento eucarístico. Este movimiento será un "avivamiento, a nivel de base y durante tres años, de la devoción y la creencia en la Presencia Real de Jesús en la Eucaristía".

¿Cómo se vive este avivamiento en la vida diaria? Veamos la vida de Carlo Acutis. Después de recibir su Primera Comunión a la edad de 7 años, Carlo comenzó a recibir la Eucaristía diariamente. Aparte de eso, era un niño igual a cualquier otro. Le gustaba el fútbol y los videojuegos. Pero la gente notaba su excepcional devoción. Su madre decía: "Carlo era un alma muy devota, incluso desde muy joven [...] tener este hijo que insistentemente me preguntaba sobre la fe me obligaba a reflexionar. Esa fue la razón por la que me acerqué más a la Iglesia".

Carlo sabía que la Eucaristía tenía un poder increíble. Una vez escribió: "Cuando nos ponemos de cara al sol nos bronceamos, pero cuando estamos ante Jesús en la Eucaristía nos convertimos en santos". A los 11 años, Carlo comenzó a reseñar, en un sitio web, todos los milagros eucarísticos del mundo. Su amor por la Eucaristía lo llevó a investigar 136 de estos milagros, que incluyó en su museo virtual.

¿Y si amáramos la Eucaristía como lo hacía Carlo Acutis? ¿Qué pasaría si nuestros corazones y mentes fueran capturados por la Eucaristía? ¿Qué pasaría si tratáramos de hacer todo lo que esté a nuestro alcance para contarles a otros sobre el increíble regalo que Nuestro Señor nos dejó en el Santísimo Sacramento?

Este pequeño libro está diseñado para ayudarte a hacer precisamente eso: redescubrir las maravillas de la Eucaristía. Que, contemplando el gran misterio de la Eucaristía, nuestra vida se asemeje cada vez más a la de nuestro Señor Eucarístico.

DÍA 1

Eucaristía

"Y en el día llamado domingo, todos los que viven en las ciudades o en el campo se reúnen en un solo lugar, y leen las memorias de los apóstoles o los escritos de los profetas, siempre que el tiempo lo permita [...] traen pan y vino y agua, y el que preside ofrece oraciones y acciones de gracias, según sus posibilidades, y el pueblo asiente, diciendo Amén".

— San Justino Mártir

En algún momento, cuando yo era niño, mi madre comenzó a insistir en que asistiéramos a Misa en familia el Día de Acción de Gracias. Mi padre, al principio, se opuso a su sugerencia. Quizás papá pensó que, a diferencia de Pascua o Navidad, Acción de Gracias era un día feriado, reservado exclusivamente para el desfile, el pavo y el fútbol. Sin embargo, tan pronto como expresó su objeción, se dio cuenta de que ir a Misa era agradecer a Dios por todo lo que había hecho por nosotros. En este caso, como en muchos otros (que conste en actas), la sensibilidad de mi madre ganó. De hecho, la palabra "Eucaristía" es una palabra griega que significa literalmente "acción de gracias", "dar gracias". San Pablo proporciona el registro más antiguo de esta palabra, usándola en su carta a los corintios (¡alrededor del año 54 d. C.!). En la carta, San Pablo describe la acción de Jesús en la Última Cena diciendo: "y habiendo dado gracias [εὐχαριστήσας: eucharisteō], lo partió y dijo: 'Esto es mi cuerpo, que es para vosotros. Haced esto en memoria mía" (1 Cor 11, 24). Reunirse para la Eucaristía es reunirse para dar gracias. Después de todo, en la Sagrada Hostia vemos promesas cumplidas, y gracias futuras aún por concederse.

Oremos,

Señor Jesucristo, antes de ofrecer el pan y el vino para que se conviertan en tu Cuerpo y tu Sangre, diste un modelo a tus discípulos. Haz que te imitemos, dando gracias fielmente al Padre. Llena nuestros corazones de gratitud ahora y siempre. Amén.

DÍA 2

Pan

"No me complazco en la comida corruptible ni en los deleites de esta vida. Quiero el Pan de Dios, que es la Carne de Jesucristo, de la Simiente de David; y como bebida quiero su Sangre, que es amor incorruptible".

— San Ignacio de Antioquía

San Ignacio es uno de los grandes mártires del cristianismo primitivo. Murió en Roma, según cuenta la tradición, devorado por fieras en el circo romano. En sus escritos, Ignacio expresó el deseo de imitar a Jesús en sus sufrimientos; anhelaba morir por Cristo. Pero la forma en la que Ignacio expresó este deseo tiene una connotación peculiarmente eucarística. En sus textos se lee: "Soy grano de Dios, y estoy siendo molido por los dientes de las fieras, a fin de que pueda ser pan puro para Cristo". Para Ignacio, la imitación de Cristo no era simplemente aferrarse a las enseñanzas morales de Jesús o creer en las verdades que Jesús predicaba. La imitación de Cristo, para Ignacio, significaba que debía asemejarse tanto a Jesús que debía hacer de su vida una ofrenda a Dios, hasta la muerte. Ignacio conocía y sostenía firmemente la visión cristiana de que el Pan de Dios es la Carne de Jesús. Entiende que este Pan es el Cuerpo de Cristo: al estar ante él, estamos ante el Señor Eucarístico. Este es el Señor que, por su gran amor, alimenta a sus hijos e hijas con el pan que es su Carne y el vino que es su Sangre.

Oremos,

Señor Jesús, tú estás verdaderamente presente en la forma del pan. Dame la fe de los santos de antaño para que pueda creer más fervientemente que este pan es tu Carne. Que desee cada vez más sólo este alimento incorruptible. Amén.

DÍA 3

Vino

Luego, después de haber participado del Cuerpo de Cristo, acérquense también al Cáliz de Su Sangre; no extendiendo las manos, sino inclinándose, y diciendo "amén" con aire de adoración y reverencia, santifíquense participando también de la Sangre de Cristo.

— San Cirilo de Jerusalén

En el Evangelio, Jesús nos dice claramente: "Yo soy el Pan de Vida". El pan el signo inequívoco del sustento, ya que el pan es un alimento básico, fundamental. Sin embargo, nuestro Señor también enseña: "Yo soy la vid". La materia de la Eucaristía no es solamente el pan, sino también el vino. Si bien podemos pensar en el pan como en el alimento por excelencia, el alimento que sostiene, el vino apunta a otro significado de la Eucaristía. El vino llena el espíritu interiormente, refresca y da consuelo. "El vino en las Escrituras", dice el obispo Barron, "es un símbolo de la exuberancia y embriaguez de la vida divina. Cuando Dios está en nosotros, nos sentimos exaltados, llenos de alegría, transfigurados". Entonces, como era de esperar, al final de la comida de la Pascua judía, la ofrenda de la "copa de bendición" sugiere consuelo, deleite, y esperanza. La Eucaristía —Cuerpo y Sangre de Cristo— no sólo nos sostiene como alimento que da fuerza en el día a día, sino que también revive nuestros corazones cansados, dándonos nuevas fuerzas y renovada alegría.

Oremos,

Señor Jesús, tú estás verdaderamente presente bajo la apariencia del vino. Que tu preciosa Sangre renueve mi alma, llenando mi corazón con abundancia de esperanza y alegría. Que se me conceda la gracia de deleitarme siempre en ti. Amén.

DÍA 4

Presencia Real

"Quizás estés diciendo: 'Veo algo más; ¿Cómo puedes asegurarme que estoy recibiendo el cuerpo de Cristo?' Solo nos queda probarlo. ¡Y cuántos son los ejemplos que podríamos usar! [...] Cristo está en ese sacramento, porque es el cuerpo de Cristo".

— San Ambrosio de Milán

Los resultados de una encuesta hecha en 2019 entre católicos estadounidenses fue noticia en todo el país, al revelar que solo un tercio de ellos (31%) cree que "durante la misa católica, el pan y el vino en realidad se convierten en el cuerpo y la sangre de Jesús". La Eucaristía en la Misa no es solo un símbolo de Cristo. La Eucaristía es Jesús, simple y llanamente. Después del Concilio Vaticano II, el Papa Pablo VI aclaró que Cristo está presente en su Iglesia de muchas maneras: en los fieles reunidos, en las Escrituras que se leen, en el sacerdote que ofrece la Misa. Explicando la Presencia Real en la Eucaristía, el pontífice explicó: "Esta presencia se llama 'real' no en detrimento de la 'realidad' de las otras, sino para indicar la presencia por excelencia, porque es sustancial y por ella Cristo se hace presente entero e íntegro, Dios y hombre". La Presencia Real de Cristo en la Eucaristía es totalmente única. Por eso dice Santo Tomás de Aquino que la Eucaristía es "la perfección de la vida espiritual y, en cierto sentido, la meta de todos los sacramentos".

Oremos,

Señor Jesús, creo que la Eucaristía no es un símbolo, sino verdaderamente tu Carne y tu Sangre. Dame la fuerza para centrar mi vida espiritual en pasar tiempo en oración ante ti, verdaderamente presente, en cada tabernáculo, en cada iglesia católica, en todo el mundo. Amén.

DIA 5

En memoria mía

Hagan esto en memoria mía. Ciertamente no exigiría nada más provechoso, nada más placentero, nada más beneficioso, nada más deseable, nada más parecido a la vida eterna.

— San Alberto Magno

San Pablo, en su carta a los Corintios, recoge las formas tradicionales de la Eucaristía. Escrita alrededor del año 50 d. C., apenas unos veinte años después de la muerte y resurrección de Jesús, los eruditos creen que este es el testimonio más antiguo de la Eucaristía. Pablo escribe: "Porque yo recibí del Señor lo que también os he transmitido, que el Señor Jesús, la noche en que fue entregado, tomó pan, y después de haber dado gracias, lo partió y dijo: 'Esto es mi Cuerpo que es entregado para ustedes. Hagan esto en memoria mía.' De la misma manera también el cáliz, después de haber cenado, diciendo: 'Este es el cáliz de la alianza nueva en mi Sangre. Cada vez que lo beban, háganlo en memoria mía'" (1 Cor 11, 23–25). San Pablo nos dice que recibió la tradición de este memorial, y la transmite como él mismo la recibió. Enseña la forma en que se debe observar el memorial y anima a los cristianos a continuar aferrándose a él. Es el propio mandato de Cristo que guardemos este memorial. Nuestro Señor nos instruye, "hagan esto…". No hemos sido nosotros quienes hemos creado tal memorial. Lo hemos recibido de Cristo mismo, a través de los apóstoles, a lo largo de los siglos, hasta el día de hoy.

Oremos,

Señor Jesús, la Eucaristía es un memorial de tu vida y sacrificio. Nos enseñaste a ofrecer pan y vino, diciendo que lo hiciéramos en memoria tuya. Que siempre seamos fieles a tu mandato, transmitiendo a nuestros hijos e hijas lo que nosotros mismos hemos recibido. Amén.

DÍA 6

Sacrificio

"Todas las buenas obras del mundo no son iguales al Santo Sacrificio de la Misa porque son obras de hombres; pero la Misa es obra de Dios. El martirio no es nada en comparación porque no es más que el sacrificio del hombre a Dios; pero la Misa es el sacrificio de Dios por el hombre".

— San Juan Vianney

¡Ojalá hubiéramos podido estar presentes en el Calvario! El sacrificio que Jesús hizo en la cruz es la expiación definitiva de nuestros pecados. ¡Él murió, una vez, para reparar nuestras faltas y errores, devolviéndonos a la vida, a la vida con Dios! La Carta a los Hebreos dice: "Él [Cristo] entró una vez para siempre en el santuario, no con sangre de machos cabríos ni de becerros, sino con su propia sangre, obteniendo así eterna redención" (Hebreos 9, 12). La Misa, la ofrenda de la Eucaristía, es el medio por el cual este sacrificio único se hace presente en nuestras vidas. En la Misa, Jesús no es crucificado nuevamente; tampoco muere y resucita de nuevo. Más bien, a través del sacrificio incruento de la Misa, somos puestos en contacto con las gracias que se desprenden del sacrificio cruento. En la Misa, el sacerdote está en el lugar de la persona de Cristo (*in persona Christi*) y, a través de este verdadero sacrificio, el mismo Cristo ofrece su amor y misericordia por nosotros en el presente, como lo hizo una vez en el Calvario.

Oremos,

Señor Jesús, tú eres el sacrificio perfecto, el que ha redimido mis pecados. Que descubra en el sacrificio de la Misa la abundancia de misericordia y gracia presente en él: la misericordia y la gracia derramadas en el Calvario. Amén.

Adobe Stock Photo

Oración de Santa Faustina ante la Eucaristía

Santa María Faustina Kowalska
del Santísimo Sacramento (1905–38)
De su Diario, 1692

Santa Faustina era una religiosa polaca de Nuestra Señora de la Misericordia, que registró en su diario, La Divina Misericordia en Mi Alma, *sus visiones y conversaciones con Jesús.*

Te adoro, Creador y Señor, oculto en el Santísimo Sacramento. Te adoro por las obras de tus manos, en las cuales se me revela tu sabiduría, bondad, y misericordia. Oh Señor, la belleza que has esparcido sobre la tierra me habla de tu belleza, aunque sea sólo un pálido reflejo tuyo, Belleza incomprensible. Y aunque te has escondido y ocultado, y has ocultado tu belleza, mi ojo iluminado por la fe, llega hasta ti y mi alma reconoce a su Creador, su bien supremo, y mi corazón se sumerge completamente en una plegaria de adoración.

Mi Creador y Señor, tu bondad me animó a conversar contigo. Tu misericordia hace que desaparezca el abismo que separa al Creador de la criatura. Hablar contigo, oh Señor, es el deleite de mi corazón. En ti encuentro todo lo que mi corazón puede desear. Aquí tu luz ilumina mi mente permitiéndole conocerte cada vez más profundamente. Aquí los torrentes de las gracias fluyen sobre mi corazón, aquí mi alma obtiene la vida eterna. Oh mi Creador y Señor, además de ofrecerme estos dones, tú mismo te entregas a mí y te unes íntimamente a tu criatura.

Oh Cristo, que mi mayor deleite sea verte amado y proclamar tu alabanza y gloria, especialmente el honor de tu misericordia. Oh Cristo, déjame glorificar Tu bondad y misericordia hasta el último momento de mi vida, con cada gota de mi sangre y con cada latido de mi corazón. Permíteme transformarme en un himno de adoración a Ti. Cuando me encuentre en mi lecho de muerte, que el último latido de mi corazón sea un himno de amor glorificando Tu insondable misericordia. Amén.

DÍA 7

Pan de los ángeles

Con todas las fuerzas de mi alma les exhorto, jóvenes, a que se acerquen a la mesa de la Comunión tan a menudo como puedan. Aliméntense de este pan de ángeles, de donde sacarán toda la energía que necesitan para librar batallas interiores. Porque la verdadera felicidad, queridos amigos, no consiste en los placeres del mundo ni en las cosas terrenas, sino en la paz de la conciencia, que sólo tendrán si son puros de corazón y de mente.

— Beato Pier Giorgio Frassati

Según una tradición en la Orden de Predicadores (los Dominicos), Santo Domingo una vez dirigió la oración en un refectorio en el que los hermanos no tenían nada para comer. Los ángeles vinieron y comenzaron a repartir pan a los frailes pobres y hambrientos. Este cuento medieval casi parece sacado de la Biblia, como cuando un ángel alimentó a Elías, dándole fuerzas para viajar durante cuarenta días (1 Reyes 19, 7–8) o cuando los ángeles sirven a Cristo después de sus días de ayuno en el desierto (Mateo 4, 11). Sin embargo, la Eucaristía no es simplemente un pan repartido por ángeles. Es Cristo mismo, escondido bajo la forma de pan. Una generación después de Santo Domingo, Santo Tomás de Aquino, el gran teólogo dominico, capturaría poéticamente algo de este misterio diciendo: "Así, el Pan de los ángeles se hace hoy el Pan del hombre: el Pan vivo del cielo termina con las antiguas figuras. ¡Oh, obra admirable! Se alimenta del Señor el pobre, el siervo, y el humilde". Al darse a sí mismo en la Eucaristía, Dios nos resucita, haciéndonos que los seres humanos se asemejen a los ángeles, acercándonos a él. Jesús, el Verbo hecho carne y esplendor del Padre, da vida a nuestras almas, invitándonos a gustar, aquí y ahora, el alimento vivificante del cielo.

Oremos,

Señor Jesús, tú eres el pan de vida, el pan del cielo, el pan de los ángeles. Que anhelemos este alimento del cielo. Que nos fortalezca, de modo que un día podamos llegar a salvo a nuestro hogar eterno. Amén.

DÍA 8

Melquisedec

En el sacerdote Melquisedec vemos prefigurado el sacramento del sacrificio del Señor, según testifica la divina Escritura, que dice: "Y Melquisedec, rey de Salem, sacó el pan y el vino" (Gn 14, 18).

— San Cipriano de Cartago

La figura misteriosa de Melquisedec es la primera persona a la que la Biblia llama explícitamente "sacerdote". Además, como Abel y Abraham, Melquisedec ofrece un sacrificio que agrada a Dios. Sin embargo, a diferencia de Abel y Abrahán, Melquisedec ofrece un sacrificio de pan y vino y da la bendición del "Dios Altísimo". Finalmente, Melquisedec no es solo un sacerdote, sino un rey. Muchos lo entienden como el rey de Salem (Jerusalén). El sacrificio de Melquisedec trae paz y restaura el alma, dándole alegría. ¡Este es el sacerdocio de Cristo! La carta a los Hebreos dice de Jesús: "Tú eres sacerdote para siempre según el orden de Melquisedec" (Heb 7, 17). Los dones del verdadero Sumo Sacerdote, que da su Cuerpo y su Sangre, tienen para nosotros la apariencia de pan y vino, los elementos que una vez ofreció el sacerdote real Melquisedec en acción de gracias al Dios Altísimo.

Oremos,

Bendito seas, Señor Dios Altísimo, porque tú has creado los cielos y la tierra. El pan y el vino que te ofrecemos son signos de tu bondad. Que estos elementos, que se convierten para nosotros en el Cuerpo y la Sangre de Cristo, nos traigan la paz de tu reino celestial. Amén.

DÍA 9

Abraham

Pero con Abraham, fue diferente. Se le ordenó hacer lo opuesto a las promesas; y sin embargo, ni aun así se turbó, ni dudó, ni pensó que había sido engañado. Pero ustedes no soportan sino lo prometido, y sin embargo están atribulados.

— San Juan Crisóstomo

Los antiguos entendían que los sacrificios hechos a Dios no eran cosas triviales. Sabían que, para que fuese un verdadero tributo, lo sacrificado tenía que ser vital. Abraham parece saber esto también, ya que estuvo dispuesto a ofrecer a su hijo, a su único hijo, a su hijo amado (Gn 22, 2). Así, imita a Dios Padre, que ofrece a su Hijo, a su Hijo único, a su Hijo amado, para la remisión de nuestros pecados. Podemos ver en la Eucaristía la profundidad del amor del Padre, derramado en la muerte y resurrección del Hijo. Esta ofrenda nos da fuerza, así como nos consuela el ejemplo de Abraham. Por misterioso que le pareciera el mandato de Dios, obedeció y fue bendecido. ¡Tenemos la ventaja de conocer el resto de la historia, de ver los sacrificios de nuestras vidas desde la perspectiva del dolor y la gloria de la cruz!

Oremos,

Padre Celestial, aumenta mi confianza en ti. Que vea a Abraham y descubra de nuevo los signos de tu misericordia y fidelidad. Cuando vea la Eucaristía, que siempre vea a tu Hijo, tu único Hijo, tu Hijo amado. Amén.

DÍA 10

Pascua

Jesús celebró la Pascua sin cordero; no, no sin cordero: en lugar del cordero se entregó a sí mismo, su Cuerpo y su Sangre. Así, anticipó su muerte de manera coherente con sus palabras: "Nadie me quita [mi vida], sino que yo la doy por mi propia voluntad" (Jn 10, 18).

— Papa Benedicto XVI

El Misterio Pascual de Nuestro Señor (su sufrimiento, muerte, resurrección, y ascensión) es el corazón de la fe cristiana. "Pascual" viene de la palabra hebrea para Pascua, *pesach*. En muchos sentidos, la Última Cena es como una cena de Pascua. Hay oraciones de bendición, la ofrenda de pan y vino, la celebración del pacto de amor de Dios... y, sin embargo, hay una diferencia clave. En la Última Cena no se ofrece ningún cordero. Al observar la Eucaristía hoy, tampoco hay ningún cordero sacrificado. Jesús es nuestro cordero, el único cordero verdadero, cuya sangre quita los pecados del mundo. Los israelitas untaron la sangre del cordero en los dinteles de las puertas de sus casas y el ángel de la muerte pasó de largo. La Sangre de Cristo, derramada sobre las vigas de la cruz, unge nuestros corazones, reclamándolos como morada de Dios.

Oremos,

Jesús, eres el cordero de Dios, ofrecido para liberarnos de la esclavitud del pecado y de la muerte. Que crezca en la comprensión de tu sacrificio y en el amor por el gran Misterio Pascual cada vez que te miro presente en la Eucaristía. Amén.

DÍA 11

Pan sin levadura

La masa que habían traído de Egipto la cocieron en panes sin levadura. No estaba leudada, porque habían sido expulsados de Egipto y no podían esperar. Ni siquiera prepararon comida para el viaje.

— Éxodo 12, 39

Los israelitas, partiendo a toda prisa de Egipto, no tuvieron tiempo de dejar leudar el pan antes de celebrar la Pascua. Hay entonces, escondido en este aspecto de la Eucaristía, un sentido de urgencia. Debemos movernos, siempre rápidamente, hacia nuestra patria, como los israelitas corriendo para adorar a Dios en el desierto. Además, el pan sin levadura para los israelitas era el pan de la esclavitud. En su sencillez, era el pan de la aflicción, el pan de la pobreza. Y, sin embargo, este es el pan que el Señor le ordena comer a su pueblo al salir de Egipto. El pan de la esclavitud se convierte en el pan de la liberación, el pan de la libertad. Finalmente, podríamos pensar en la forma en la que Jesús equipara la levadura con el pecado y la hipocresía. Él advierte a sus discípulos diciendo: “Miren, y cuídense de la levadura de los fariseos y de los saduceos” (Mateo 16, 6). El pan sin levadura, por lo tanto, simboliza la justicia y la verdad.

Oremos,

Señor Jesús, nos has librado de las tinieblas del pecado trayéndonos a la novedad de la vida. Que podamos rechazar las tentaciones de la hipocresía y el pecado, aferrándonos a la sencillez de la justicia y la verdad. Amén.

DÍA 12

Maná

"Yo soy el pan vivo, bajado del cielo". Vivo, porque baja del cielo. El maná también descendió del cielo; pero el maná era sólo una sombra, esta es la verdad.

— San Agustín

A los israelitas se les dio maná del cielo para sustentarlos durante su peregrinaje por el desierto. ¡Y sin embargo, pronto se cansaron de este maravilloso alimento de Dios, del alimento que los había salvado! Comenzaron a quejarse, a murmurar, a desear la comida que tenían en Egipto (Núm 11, 4–6). El escritor J.R.R. Tolkien reconoció una vez estos mismos movimientos del corazón en sí mismo. Escribe: "Yo soy el que salió de Egipto... Por maldad y la pereza, casi dejo de practicar mi religión... [Volví a ella] No por mí [...] sino por el incesante y silencioso llamamiento del Tabernáculo, y por una aguda sensación de hambre". Nosotros también podríamos tener la tentación de quejarnos de la comida. Dudamos de su eficacia, siendo presa de una especie de tristeza espiritual que nos consume (una tristeza que los padres del desierto llamaron *acedia*). ¿Estamos tentados de quejarnos de la Eucaristía? ¿Nos alejamos buscando satisfacción en otros alimentos?

Oremos,

Señor Jesús, tú eres el verdadero maná, el alimento espiritual que nutre y sustenta. Que mi corazón te anhele y nunca se canse del refrigerio que ofreces. Mantenme siempre hambriento de ti en el desierto de esta vida. Amén.

The Crosiers

Una breve visita al Santísimo Sacramento

San John Henry Newman (1801–90)

San John Henry Newman fue un teólogo y poeta que, tras ser ordenado sacerdote anglicano, se convirtió al catolicismo en 1845.

En el nombre del Padre, y del Hijo, y del Espíritu Santo. Amén.

Te adoro, oh mi salvador, que estás presente como Dios y hombre, en alma y cuerpo, en verdadera carne y sangre.

Reconozco y confieso que me arrodillo ante la sagrada humanidad, que fue concebida en el vientre de María y yació también en su seno; que creció hasta la condición de hombre, y junto al mar de Galilea llamó a los doce, hizo milagros y habló palabras de sabiduría y paz; que a su debido tiempo colgó de la cruz, yació en el sepulcro, resucitó de entre los muertos y ahora reina en los cielos.

Alabo, bendigo y me entrego enteramente a él, que es el verdadero pan de mi alma y mi gozo eterno.

DÍA 13

Pan de la Presencia

En el Antiguo Testamento también había panes ofrecidos constantemente al Señor [conocidos como panes de la presencia, o panes del ofrecimiento]; pero esto, como pertenecía al Antiguo Testamento, ha llegado a su fin; en el Nuevo Testamento hay Pan del cielo, y una Copa de salvación, que santifican el alma y el cuerpo.

— San Cirilo de Jerusalén

Israel mantuvo la costumbre de poner doce panes, uno para cada tribu, en el tabernáculo (y eventualmente en el templo), ante la Presencia de Dios. Los panes se cambiaban cada sábado, y los sacerdotes consumían los panes viejos. Estos panes eran santificados al ser puestos ante la presencia de Dios. La Eucaristía, que es verdaderamente la presencia de Dios, es todo lo contrario. La Eucaristía es santa y santifica a quienes la consumen. San Agustín refiere, en sus famosas *Confesiones*, a una visión de Jesús en las que Cristo le dice: "No me transformarás en ti como [haces con el] alimento corporal; tú serás transformado en mí". La Eucaristía no es como el alimento regular que se asimila en el cuerpo. Más bien, la Eucaristía es un alimento que nos transforma en lo que ella misma es. No es santa porque ha estado en la presencia de Dios, ¡es la Presencia de Dios!

Oremos,

Señor Jesús, creo que estás verdaderamente presente en la Eucaristía. Fortalece los ojos de mi fe para que pueda verte allí, bajo el velo del pan. Que yo, con cada comunión, me una más perfectamente a ti. Amén.

DÍA 14

Nueva Alianza

Por analogía con la Alianza del Monte Sinaí, sellada con el sacrificio y la aspersión de la sangre, las acciones y palabras de Jesús en la Última Cena sentaron las bases de la nueva comunidad mesiánica, el Pueblo de la Nueva Alianza.

— San Juan Pablo II

En Sinaí, Israel entró en una relación de pacto de amor con Dios. Los mandamientos dictados por Moisés expresaban una forma de vida, sellada por el ritual de la sangre. Moisés roció la mitad de la sangre sobre el altar y luego roció al pueblo. Después de ratificar el pacto, Moisés y los sacerdotes y los ancianos subieron a la montaña, donde vieron a Dios y comieron y bebieron. El efecto de la alianza es la comunión: ver a Dios, comer, y beber. La Preciosa Sangre de Nuestro Señor, la sangre de la Eucaristía, es la sangre de una Nueva Alianza. Esta Nueva Alianza nos une íntimamente a Dios, permitiéndonos acercarnos a él. La Sangre de Jesús es nada menos que la vida divina, derramada por todos los que lo reciben en la Eucaristía.

Oremos,

Padre celestial, envía tu Espíritu Santo, para que el pueblo de la Nueva Alianza esté completamente unido a ti. Que la Sangre de Cristo, derramada para la redención de los pecados, lave todo mal que aleja los corazones de ti. Amén.

DÍA 15

Cena del Señor

"Cuando miras el Crucifijo, entiendes cuánto te amaba Jesús entonces. Cuando miras la Sagrada Hostia entiendes cuánto te ama Jesús ahora".

— Madre Teresa de Calcuta

La rutina de Misa diaria de la Madre Teresa fue para ella, durante décadas, tan natural como comer. Sin la Eucaristía, dudaba si podría continuar. Como toda comida, la Eucaristía sostiene. Ella escribe: "Si tenemos a nuestro Señor en medio de nosotros, con la Misa diaria y la Sagrada Comunión, nada temo por las Hermanas ni por mí; él cuidará de nosotros. Pero sin él no puedo ser ni estar; estoy indefensa". Necesitamos el Pan de Vida para nutrir nuestras almas, para darnos fuerza. La Eucaristía nos nutre, porque nos da una parte de la propia vida interior de Dios. Como dice Jesús en el Evangelio: "Así como me envió el Padre viviente, y yo tengo vida por causa del Padre, así también el que me come tendrá vida por causa de mí" (Juan 6,57). La Cena del Señor es la comida de la vida divina, la fiesta de la gracia, que alimenta nuestras almas hambrientas.

Oremos,

Señor Jesús, en la Eucaristía nos das una parte de la vida del Padre. Nutre mi alma cansada para que, sostenido por tu gracia, tenga siempre fuerzas para seguir adelante. Amén.

DÍA 16

Banquete de bodas

"Si el día de tu boda fuese inminente ¿no dejarías de lado todo lo demás y te pondrías a preparar la fiesta? Y en la víspera de consagrar tu alma al Esposo celestial, ¿no cesarás de las cosas carnales para ganar las espirituales?

— San Cirilo de Jerusalén

En los Evangelios, Jesús compara el cielo con un banquete de bodas, diciendo: "El reino de los cielos es semejante a un rey que ofreció un banquete de bodas a su hijo" (Mateo 22, 2). La tragedia de la parábola, como la cuenta Jesús, es que muchos de los invitados no se dan por enterados. No es simplemente que no pudieron asistir a la boda, sino que rechazaron la invitación. Apartarse de la Eucaristía es apartarse de la invitación a celebrar y regocijarse con los amigos. ¿Nos perderíamos la boda de los que amamos? ¿Asistiríamos mal vestidos, mal arreglados? La Eucaristía ofrece la alegría propia de una fiesta de bodas, ¡Más aún, porque las alegrías que nos brinda son espirituales! Preparemos nuestras almas para cada uno de estos banquetes esponsales.

Oremos,

Padre celestial, aleja de mi corazón cualquier pecado que me impida unirme a ti en la fiesta eucarística. Que esté limpio y listo para la felicidad y el deleite que ofreces, escondido en la Sagrada Hostia. Amén.

DÍA 17

Creación

¿Y de dónde vendrá esta carne? ¿De dónde vendrá esta sangre? De este pan y de este vino: se pronunciará una palabra todopoderosa que hará de este pan la Carne del Salvador, y de este su Sangre. Todo esto sucederá en el momento mismo en que se pronuncie esta palabra; es la misma palabra que creó el cielo y la tierra.

— Jacques Bénigne Bossuet

La Escritura nos dice que en el principio Dios habló y se hizo la luz. La palabra de Dios hace surgir, de la nada, la creación. Dios le da al abismo ser, existencia, forma, y destino. Esta es sin duda la causa de toda maravilla y de todo asombro: que haya algo en lugar de nada. Así también con la Eucaristía. Como dice San Ambrosio: "Si la palabra del Señor Jesús es tan poderosa como para traer a la existencia cosas que no eran, entonces, *a fortiori*, las cosas que ya existen pueden cambiarse en otra cosa". La Eucaristía es un misterio de cambio. El creador de todo reconfigura lo que ha hecho para otorgar maravillosamente su gracia.

Oremos,

Señor Jesús, Verbo por quien todas las cosas fueron hechas, tú entraste en tu creación haciéndote carne. Más maravilloso aún, nos ofreces tu carne como verdadero alimento. Concédeme la gracia del asombro mientras medito en la obra de la Palabra. Amén.

DÍA 18

Tabernáculo

"Soy actualmente un exiliado del tabernáculo, y tengo hambre de Jesús en la Eucaristía. ¿Podré ir el domingo para contarle mi alegría por la resurrección y renovar mi ofrenda?

— Sierva de Dios Elisabeth Leseur

El esposo ateo de Elisabeth Leseur se ordenó como sacerdote católico al leer sus diarios espirituales después de su muerte. En ellos, Leseur expresa un anhelo de estar cerca de Jesús, presente en la Eucaristía en el tabernáculo. A menudo, la enfermedad de Elisabeth le impedía asistir a Misa; lo que para significaba una dolorosa privación. Amaba tanto la Eucaristía que un día después de recibir la Comunión, tuvo una pequeña visión pensando en los tres sagrarios en los que habita Jesús. El primero es el tabernáculo de su gloria, en las profundidades del cielo, en el corazón de la Trinidad inaccesible. En segundo lugar, mora en la Eucaristía, en el tabernáculo del amor, escondido pero presente en la Eucaristía por nosotros. Finalmente, mora en lo más profundo de nuestro interior, donde vive como huésped y amigo del alma.

Oremos,

Señor Jesús, que me deleite en la contemplación de tus tres sagrarios: el cielo sobre mí, la Eucaristía. y las profundidades del alma. Danos corazones eucarísticos para que anhelemos estar unidos a ti. Amén.

The Crosiers

Traspasa mi alma más íntima

San Buenaventura (1221–74)

San Buenaventura fue un fraile franciscano, teólogo y filósofo. Biógrafo de San Francisco de Asís, San Buenaventura fue el séptimo Ministro General de la Orden de los Frailes Menores.

Traspasa, dulcísimo Jesús y Señor mío, el rincón más escondido de mi alma con el suavísimo y salutífero dardo de tu amor y de una verdadera y pura caridad, tal como la que llenaba el corazón de los Santos Apóstoles, a fin de que desfallezca y se derrita sólo de amor por ti y del deseo de poseerte.

Que te ansíe a Ti, que desfallezca en tus atrios, y que no aspire más que a verse libre para unirse contigo. Haz que mi alma tenga hambre de Ti, oh Pan de los Ángeles, alimento de almas santas, pan cotidiano nuestro, lleno de fortaleza, de dulzura, de suavidad, que a cuantos con él se nutren hace sentir las delicias de su sabor.

¡Oh Jesús a quien los Ángeles desean siempre contemplar, haz que mi corazón tenga siempre hambre de Ti, que se alimente de Ti, y que lo más profundo de mi alma sea regalado con la dulzura de tus delicias! Que mi corazón tenga siempre sed de Ti, oh fuente de vida, manantial de sabiduría y de ciencia, río de luz eterna, torrente de delicias, abundancia de la casa de Dios.

Que no ambicione otra cosa sino poseerte, que te busque y te encuentre, que a Ti me dirija y a Ti llegue, en Ti piense, de Ti hable y todo lo haga en loor y gloria de tu nombre, con humildad y discreción, con amor y deleite, con facilidad y afecto, con perseverancia hasta el fin; y que Tú sólo seas siempre mi esperanza, toda mi confianza, mis riquezas, mi deleite, mi contento, mi gozo, mi descanso y mi tranquilidad, mi paz, mi suavidad, mi olor, mi dulcedumbre, mi alimento, mi comida, mi refugio, mi auxilio, mi sabiduría, mi heredad, mi posesión, mi tesoro, en el cual estén siempre fijos, firme y hondamente arraigados, mi alma y mi corazón.

Amén.

DÍA 19

Multiplicación de los panes y los peces

"Es Dios quien lo hace, el mismo Dios que alimentó a tantos miles con panecillos de cebada y pececitos, multiplicándolos, por supuesto, en las manos que los distribuyeron"

— Santa Elizabeth Ann Seton

En el Evangelio de San Marcos, Jesús toma los panes y los peces que se le ofrecen. Luego los bendice, parte el pan y distribuye la comida. El evangelista narra el mismo gesto en la Institución de la Eucaristía. Jesús toma el pan, lo bendice, lo parte y se lo da a sus discípulos. El milagro de la Eucaristía es posible porque es Dios quien efectúa el cambio del pan en su Cuerpo y del vino en su Sangre. El mismo Dios que multiplica los panes y los peces, el mismo Dios que cura a los enfermos y resucita a los muertos, el mismo Dios que perdona el pecado, es el Dios que hace del pan su Carne y del vino su Sangre. Para Sta. Elizabeth Ann Seton, este milagro es tan maravilloso que Dios tendría menos sentido si la enseñanza católica sobre la Eucaristía no fuese cierta. Para ella, los consuelos del Santísimo Sacramento son tan ricos que, si fuesen meras invenciones humanas, "entonces Dios parecería estar tan interesado en nuestra felicidad como estos otros artífices".

Oremos,

Señor Jesús, tú que tomas los panes y los peces, bendícelos, parte el pan y dáselo de comer a los hambrientos, llena mi corazón de alimento hasta que se sacie. Que me maraville del milagro de la Eucaristía, hecho presente por el poder de Dios.

DÍA 20

Viático

"El amor es lo que te hace peregrino. Eres un peregrino porque amas algo que no verás aquí, porque buscas lo que es invisible, lo que 'ningún hombre ha visto ni vivido'".

— Padre Bede Jarrett, O.P.

Viático, el nombre tradicional de la última comunión antes de la muerte, significa literalmente "alimento para el camino". Para los moribundos, es una fuente de fortaleza espiritual y un inmenso consuelo. En el rito del viático, el ministro de la Sagrada Comunión dice: "Que el Señor Jesucristo te proteja y te conduzca a la vida eterna". También para los vivos, la Eucaristía sostiene nuestra peregrinación mortal. Es la provisión más necesaria para andar en el camino de la vida. Somos caminantes, peregrinos, transeúntes por este mundo. Para evitar que nos establezcamos aquí, Cristo viene a nosotros, para estar con nosotros. Como dice Bede Jarrett, "por eso vino, para darnos su compañía siempre. Somos peregrinos y, sin embargo, Él viene con nosotros. Eso le arrebata al peregrino cualquier dolor real".

Oremos,

Señor Jesús, tú ofreces paz y sanación a los que creen en ti. Que nosotros, que hemos recibido la comida y la bebida del cielo, seamos conducidos con seguridad al reino de la luz, nuestro hogar celestial. Amén.

DÍA 21

Bodas de Caná

"Todo el mundo está interesado en el matrimonio. Si el corazón humano no tiene suficiente amor en su corazón, busca a los que están enamorados. La boda más famosa de la historia fue la de Caná, porque allí estuvo presente Nuestro Señor bendito".

— Siervo de Dios Fulton J. Sheen

Las bodas de Caná simbolizan la alianza de amor entre Cristo, el esposo, y la Iglesia, su esposa amada. Esta unión de Cristo y la Iglesia desarrolla el simbolismo del matrimonio del Antiguo Testamento, en el que Dios está comprometido mediante una alianza con su pueblo elegido. Pero para los cristianos, el milagro que Jesús hace en Caná tiene también un profundo significado eucarístico. Este milagro, que tuvo lugar cerca de la celebración de la fiesta judía de la Pascua, presagia el Misterio Pascual del propio Jesús en el que él, el verdadero cordero, se ofrece a sí mismo por nuestros pecados. El vino nuevo de las bodas de Caná, como la multiplicación de los panes, es una prefiguración de la Nueva Alianza, en la que Cristo nos da su Cuerpo y su Sangre como comida y bebida.

Oremos,

Señor Jesús, transforma la simple agua de nuestras vidas en vino selecto. Que nos alegremos en tu fidelidad, seguros de que en los momentos de verdadera necesidad siempre nos provees en abundancia. Amén.

DÍA 22

Medicina para la Inmortalidad

"Obedezcan al obispo y a los presbíteros con mente indivisa, partiendo un mismo pan, que es la medicina de la inmortalidad, y el antídoto para evitar que muramos, y que hace que vivamos para siempre en Jesucristo".

— San Ignacio de Antioquía

La Eucaristía es un antídoto contra la muerte. No la muerte corporal, sino la muerte eterna. La Eucaristía no nos sostiene en una mera existencia física. No es una fuente de juventud. Sin embargo, leemos en la Sagrada Escritura: "Este es el pan que descendió del cielo. A diferencia de vuestros antepasados que comieron y aun así murieron, el que come de este pan vivirá para siempre" (Juan 6, 58). Sabemos que la Eucaristía es el Pan de Vida, y que nos nutre espiritualmente. Para Santo Tomás de Aquino, así como el cuerpo necesita alimentos y medicinas, también el alma las necesita. El Doctor Angélico llama a la Eucaristía "alimento espiritual y medicina espiritual" que nutre y sana. Así, el Papa Francisco dice con razón: "La Eucaristía no es un premio para los perfectos, sino una poderosa medicina y alimento para los débiles".

Oremos,

Padre celestial, sáname de todo pecado y fracaso que aparte mi corazón de ti. Concédeme la gracia de la conversión para abrazar tu misericordia y confesar mis pecados. Que corra hacia la Eucaristía, la medicina de la inmortalidad que nos da fortaleza y salud. Amén.

DÍA 23

Amistad

"Los buenos amigos encuentran placer en la compañía del otro. Descubramos el placer de estar en la compañía de nuestro mejor Amigo, un Amigo que puede hacer todo por nosotros, un amigo que nos ama sin medida. Aquí, en el Santísimo Sacramento, podemos hablarle directamente desde el corazón".

— San Alfonso de Ligorio

La amistad, según Aristóteles, es una unión. El filósofo griego dice que los amigos "se reconocen mutuamente por tener buena voluntad y desearse el bien el uno al otro". ¡En la forma más alta de amistad, un amigo quiere el bien del otro como si fuera el suyo propio! En otras palabras, los amigos están tan estrechamente unidos que los que son amigos de verdad desean y anhelan el bien de cada uno tanto como quieren el bien para ellos mismos. En pocas palabras, un verdadero amigo es otro yo. En la Eucaristía, Cristo está presente como nuestro amigo. "Ya no los llamo esclavos… los he llamado amigos" (Juan 15, 15). Jesús nos muestra la profundidad de su amor y su amistad al dar su vida por nosotros. Él nos anima a vivir en esta amistad siguiendo fielmente sus mandatos. En la Eucaristía él permanece con nosotros, para que nosotros permanezcamos en presencia de su amor.

Oremos,

Señor, permíteme correr hacia ti en la preciosa hostia como corro para saludar a mis amigos. Que atesore el tiempo en tu compañía. Que pueda compartir contigo todos los secretos de mi corazón y que tú me des la gracia de amar lo que amas. Amén.

DÍA 24

El mandamiento del amor

"Desde la oscuridad de mi frustrada vida pongo ante ti la única gran cosa que se puede amar en la tierra: el Santísimo Sacramento... Allí encontrarás el romance, la gloria, el honor, la fidelidad y el verdadero camino hacia todos tus amores sobre la tierra".

— J.R.R. Tolkien

En la Última Cena, cuando Jesús deja a sus discípulos el precioso don de la Eucaristía, les da además otro don: el Nuevo Mandamiento. Jesús les dice a sus amigos más cercanos: "Este es mi mandamiento: ámense unos a otros como yo los amo" (Juan 15, 12). ¡El amor de la Eucaristía arde tan ferozmente que Santa Teresa de Lisieux la compara con un horno! En su autobiografía, Teresita dice: "El cielo para mí está escondido en una pequeña Hostia donde Jesús, mi Esposo, está escondido por amor. A ese Divino Horno voy yo a sacar vida, y allí mi Dulce Salvador me escucha noche y día". Este es un misterio del amor de Dios: Él quiso, por nosotros, esconderse bajo la apariencia de pan.

Oremos,

Señor Jesús, enciende mi corazón con tu amor cada vez que vengo a tu presencia. Concédeme la paz interior para sumergirme en tu amor, y derrama sobre mí tu gracia, para que viva siempre conforme a tu gran mandamiento. Amén.

The Crosiers

De una carta a Cecilia Seton (8 de julio de 1807)

Santa Elizabeth Ann Seton (1774–1821)

Santa Elizabeth Ann Seton se convirtió al catolicismo y, tras enviudar, fundó una congregación de religiosas dedicadas a la enseñanza. Fue la primera persona nacida en lo que serían los Estados Unidos en ser canonizada.

¡Qué feliz es ese momento, oh divino Jesús! ¡Cuán pura es esa Luz! ¡Cuán inefable es la Comunión de tus Bendiciones! (...) ¡Ay! Si uno fuera fiel, si nunca se apartara de Ti, si supiera conservar la Gracia recibida ¡Qué feliz sería! Sin embargo, esto no es más que una gota del Océano infinito de Bendiciones que un día Tú vas a comunicar a hombres y mujeres [...] ¡Oh! ¡Alma de mi Alma! ¿Qué es mi Alma y qué Bien puede tener sin poseerte? ¡Vida de mi vida! ¿Qué es mi vida si no vivo en Ti? ¿Es posible que mi corazón sea capaz de poseerte? ¿De gozarte a solas? [...] ¿Puede una criatura estar tan elevada para reposar en Ti, y después apartarse de Ti? Señor, no sé qué debo decirte, pero escucha la voz de mi amor y de mi miseria. Vive siempre en mí, y déjame vivir perpetuamente en Ti y para Ti, como yo vivo sólo por Ti.

DÍA 25

Los pobres

"Comemos de este fruto del árbol de la vida porque Jesús nos lo dijo. … Él tomó sobre sí nuestra humanidad para que pudiéramos compartir su divinidad. Somos alimentados por su carne para que podamos crecer y ser otros Cristos".

— Dorothy Day.

Para la Sierva de Dios Dorothy Day, la Eucaristía no era simplemente un momento agradable en su rutina. Para ella, la Misa era la parte más necesaria de cada día. "El peso del mundo está sobre mí cuando me despierto, hasta que llego a Misa", escribía. Day es famosa por su servicio a los pobres y por su activismo social. Su hospitalidad radical alimentó a miles de hombres y mujeres hambrientos. Y la Eucaristía era el alimento espiritual que sustentaba su obra. El compromiso de Day tanto con la Eucaristía como con dar de comer a los hambrientos muestra cuán inseparables son los grandes Mandamientos de Dios: amarlo a Él y amar a nuestro prójimo. Day escribe: "No podemos amar a Dios a menos que nos amemos unos a otros, y para amarnos debemos conocernos. Lo conocemos a Él en la fracción del pan, y nos conocemos unos a otros al compartir el pan, y así ya no estamos solos".

Oremos,

Señor Jesús, que mi amor por la Eucaristía me ayude a verte en los necesitados. Que mi servicio a los más pequeños sea un signo de mi devoción por ti. Haz que tu presencia sostenga mis esfuerzos para hacer que el mundo sea un poco menos duro y que tu amor un poco más presente. Amén.

DÍA 26

El pez

"Recibe el alimento, dulce como la miel, del Salvador de los Santos, come hasta saciarte, bebe hasta que tengas sed; sostienes el Ichthys (Pez) en las palmas de tus manos. Por favor, danos el pez, Señor y Salvador, como alimento".

— Inscripción de Autun

Una antigua costumbre cristiana es la de representar a Cristo como un pez. Este simbolismo no se debe simplemente al hecho de que algunos de sus discípulos eran pescadores. En griego, las primeras letras de las palabras de la frase "Jesús, Cristo, Hijo de Dios, Salvador" deletrean "pez": *Ichthys*. Viendo un simbolismo diferente en la imagen del pez, la mística medieval Catalina de Siena cuenta de una visión en la que relaciona el pez con la Eucaristía. Jesús le dice a Catalina en su Diálogo: "Mira, queridísima hija, en qué excelente estado está el alma que recibe, como debe, este Pan de Vida, este Alimento de los Ángeles. Al recibir este Sacramento ella habita en Mí y Yo en ella, como el pez en el mar, y el mar en el pez. Así Yo habito en el alma, y el alma en Mí, el Mar de la Paz."

Oremos,

Danos, Padre Celestial, el pescado para comer. Sabemos que no darías serpientes a tus hijos e hijas cuando te piden pescado. Que estemos tan unidos a Él que nademos a lo largo y a lo ancho en su amor, tan fácilmente como los peces nadan en el mar. Amén.

DÍA 27

Piedras y Pan

"Pero ¿ves estas piedras en este desierto seco y árido? Conviértelos en pan, y la humanidad correrá tras Ti como un rebaño de ovejas, agradecida y obediente, aunque siempre temblando, no sea que retires Tu mano y les niegues Tu pan".

— Fiódor Dostoievski

En su parábola del Gran Inquisidor, el novelista ruso Fyodor Dostoyevsky reflexiona sobre el misterio de la libertad y la perenne tentación del materialismo. En el texto, el Gran Inquisidor desafía a Jesús, parafraseando la tentación de Cristo en el desierto que narran los Evangelios. Refiriéndose a las Escrituras, el Gran Inquisidor argumenta que la mayoría de las personas son demasiado débiles para vivir según la Palabra de Dios. En lugar de darle a la gente el regalo de la libertad, dice el Inquisidor, es mejor simplemente alimentarlos. La suposición del Inquisidor es que la mayoría de la humanidad no es capaz de elegir la fe sobre la comodidad. Pero nosotros, que somos discípulos, debemos seguir el camino de Cristo y resistir la tentación de elegir la comodidad y la seguridad por encima de nuestra confianza en Dios.

Oremos,

Señor Jesús, dame la gracia de resistir cada tentación que se me presente. Hazme victorioso sobre todo deseo pecaminoso de la carne. Concédeme la perspicacia para ver las piedras de este mundo como lo que son, de modo que sólo ansíe el pan del cielo. Amén.

DÍA 28

Fuerza de los mártires

"No temo a la muerte ni a la tortura. No sé por qué me matan. Vengo aquí para confirmar la paz y mostrarles el camino al Cielo".

— Isaac Jogues a sus torturadores mohawk.

El 1 de agosto de 1642, el Padre Isaac Jogues fue capturado. Durante su cautiverio, sus captores mohawk lo golpearon ferozmente, hasta que perdió el conocimiento. Luego le destruyeron las uñas, haciendo que perdiera lentamente ambos dedos índices. El Padre Jogues escapó de su cautiverio, pero trágicamente, no pudo ofrecer Misa por el estado en el que quedaron sus manos tras la tortura. Eventualmente, una vez que sanaron, recibió un permiso especial del Papa Urbano para ofrecer Misa, a pesar de que carecía de los dedos necesarios para manejar la Sagrada Hostia. Pero el amor del Padre Jogues por los mohawk era tan grande que se vio obligado a volver con ellos. Consciente de que probablemente sería capturado nuevamente y finalmente asesinado, escribió en una última carta a un amigo: "Tendré que quedarme entre ellos, casi sin libertad para orar, sin Misa, sin Sacramentos, y ser responsable de cada accidente entre los iroqueses, franceses, algonquinos y demás. Pero ¿qué puedo decir? Mi esperanza está en Dios".

Oremos,

Señor Jesús, dame el valor de sufrir por ti como lo han hecho tus santos mártires a lo largo de los siglos. Que su ejemplo me de fuerza en medio de las pruebas de mi vida. Amén.

DÍA 29

Sagrada Comunión

"Así como este pan partido, una vez esparcido sobre las colinas, se convirtió de nuevo en un solo pan, que tu Iglesia sea reunida desde los confines de la tierra en tu reino".

— la Didaché

En la Última Cena, Jesús ofrece una oración especial por sus discípulos. Dirigiéndose a su Padre Celestial, dice: "no te ruego sólo por ellos; te ruego también por todos los que han de creer en mí por medio de su mensaje. Te pido que todos vivan unidos. Como tú, Padre, estás en mí y yo en ti" (Juan 17, 20–21). Una gracia de la Eucaristía es la unión. Así como las muchas espigas se cuecen juntas en el pan, así los fieles se unen en Cristo en la Eucaristía. El Catecismo dice: "Por este sacramento nos unimos a Cristo, que nos hace partícipes de su Cuerpo y Sangre para formar un solo cuerpo". Eso es lo que queremos decir cuando llamamos a este sacramento la Sagrada Comunión. La Eucaristía es el sacramento de la unión.

Oremos,

Señor Jesús, haz que seamos un solo cuerpo al participar de la Eucaristía. Que cada Santa Comunión que recibimos dignamente nos una más completamente a nuestros hermanos y hermanas en Cristo. Amén

DÍA 30

Emmanuel

"No es solo mientras se ofrece el Sacrificio y se hace el Sacramento, sino también después de que se ofrece el Sacrificio y se realiza el Sacramento, mientras la Eucaristía se reserva en las iglesias u oratorios, que Cristo es verdaderamente Emmanuel, lo que significa 'Dios con nosotros'".

— San Pablo VI

El misterio de la Encarnación, en el que Dios se hace hombre, conmociona al mundo desde hace 2.000 años. Lo que el misterio supone no es poca cosa: Dios ama tanto a su pueblo que tomó para sí nuestra misma naturaleza. El Creador se hace criatura ¡Como nosotros en todo menos en el pecado! Y, además, ideó una forma de seguir estando con nosotros. Habiendo venido a nuestro mundo, Cristo no nos abandonaría después. Es un pastor fiel, aquel que consiguió la forma de seguir viviendo con sus ovejas. "Dios habita en medio de nosotros, en el Santísimo Sacramento del altar", dice San Maximiliano Kolbe. "Él permanece entre nosotros hasta el fin del mundo". La Sagrada Hostia es *Dios con nosotros*. La Eucaristía es verdaderamente Emmanuel.

Oremos,

Señor Jesús, protégeme de los sentimientos de abandono, soledad, y aislamiento. Sé que estás aquí entre nosotros, viviendo en la Eucaristía. Que corra siempre para estar contigo, que por tu gran amor viniste a estar con nosotros. Amén.

Adobe Stock Photo

Fragmento de la Oración 10 (14 de febrero de 1379)

Santa Catalina de Siena (1347–80)

Santa Catalina de Siena fue una mística y reformadora italiana. Sus escritos se distinguen por sus vívidas imágenes y por una extraordinaria riqueza teológica. Catalina fue declarada Doctora de la Iglesia por el Papa Pablo VI en 1970.

¡Oh caridad sin límites!
Así como te diste a ti mismo,
todo Dios y todo hombre,
así mismo te nos entregaste como comida
para que mientras peregrinemos en esta vida
no desfallezcamos
sino que seamos fortalecidos por ti, alimento celestial.
¡Oh pueblo mercenario!
¿Qué te ha dado tu Dios?
A Sí mismo te ha dado,
todo Dios y todo hombre,
escondido bajo la blancura de este pan.
¡Oh fuego de amor!
¿No fue suficiente
crearnos a tu imagen y semejanza,
y crearnos de nuevo conforme a la gracia en la sangre de tu Hijo,
sino además darnos a ti mismo como alimento,
todo el ser divino,
todo Dios?
¿Qué te impulsó?
Nada más que tu caridad,
¡perdido de amor que estás!

DÍA 31

Banquete de la sabiduría

"'Y ella [la Sabiduría] ha preparado su mesa' (Prov 9, 2) [...] se refiere a su Cuerpo y Sangre [de Cristo] honrados e inmaculados, que día tras día son administrados y ofrecidos sacrificialmente en la mesa espiritual divina, como un memorial de esa primera y siempre memorable mesa de aquella divina cena espiritual"

— Hipólito

En la literatura sapiencial del antiguo Israel, la "Dama Sabiduría" contrasta con la "Dama Necedad". En Proverbios 9, la Dama Sabiduría prepara un banquete suntuoso y envía a sus sirvientes a buscar a los invitados desde las calles. Los banquetes, en la antigüedad, eran los espacios en los que se alimentaba el cuerpo y el alma: se alimentaba a las personas y se compartía la sabiduría. La Dama Sabiduría dice: "¡Ven, come de mi comida y bebe del vino que he preparado! Abandona la necedad para que vivas; avanza en el camino del entendimiento" (Prov 9, 5–6). Cristo es Sabiduría Divina. Él nos invita a su banquete para compartir su sabiduría y para ser restaurados. Comulgar en la Eucaristía es empezar a vivir de acuerdo a una sabiduría superior; es abrir la puerta al Espíritu Santo.

Oremos,

Señor Jesús, he recibido la invitación a cenar en tu banquete. ¡Haz que la acepte y que entre! Que rechace con valentía la necedad del mundo y, en cambio, viva siempre guiado por tu sabiduría. Amén.

DÍA 32

Humildad

"¡Oh maravillosa altivez y estupenda dignidad! ¡Oh sublime humildad! ¡Oh humilde sublimidad! ¡El Señor del universo, Dios e Hijo de Dios, se humilla tanto que para nuestra salvación se esconde debajo de un simple trozo de pan!"

— San Francisco de Asís

San Francisco de Asís era conocido por tener una devoción extraordinaria por la Misa. En su testamento, escribió: "Por encima de todo, quiero que este Santísimo Sacramento sea honrado, venerado y reservado en lugares ricamente ornamentados". San Francisco, el amante de la pobreza, se maravilló de la humildad y la sencillez de la Eucaristía. San Buenaventura nos dice que "ardía de todo corazón de amor por el Sacramento del Cuerpo de Nuestro Señor, y se maravillaba al pensar en un amor tan condescendiente, en una condescendencia tan amorosa". Para San Francisco, este es el colmo del amor, que debe ser adorado y emulado. Les dijo a sus hermanos: "¡Miren la humildad de Dios, y derramen sus corazones ante Él! ¡Humíllense para que sean exaltados por Él!".

Oremos,

Padre Celestial, danos la gracia del asombro, para que podamos maravillarnos de la Eucaristía. Que nos regocijemos e imitemos la humildad de Dios, que viene a nosotros en el pan de cada día. Amén.

DÍA 33

Belén

"Pero tú, Belén-Efrata, la más pequeña entre los clanes de Judá, de ti saldrá el que será caudillo de Israel; cuyo origen se remonta a días antiguos, a un tiempo inmemorial".

— Miqueas 5, 1

El pequeño pueblo de Belén también se conoce como la ciudad del rey David. Solo por eso, para llevar la genealogía de David a su plenitud, es significativo que Cristo haya nacido en Belén. Pero hay un significado más profundo escondido en la historia de Navidad. Belén significa "casa de pan". El propio nacimiento de Cristo señala hacia la Eucaristía. San Lucas apunta a este misterio, en la historia de la Natividad, al referirse a la "posada" con la misma palabra que usa para el "alto aposento" en la Última Cena. ¡El Señor, que fue puesto en un pesebre cuando era un bebé porque no había lugar en el mesón, termina la obra de su vida en el alto aposento, dándonos la Eucaristía! La transmisión de la Eucaristía en el cenáculo hace posible que todo altar y todo corazón se convierta en un Belén: en un lugar para recibir a Cristo Señor.

Oremos,

María, José, los ángeles, los pastores, y los magos, todos te adoraron, Señor, primero en Belén. Concédeme una poco de su devoción, para que mi corazón sea una casa digna para el pan del cielo. Amén.

DÍA 34

El Gran Misterio

"Sería más fácil para el mundo sobrevivir sin el sol que sin la Santa Misa".

— Padre Pío

El fraile capuchino San Pío de Pietrelcina, mejor conocido como Padre Pío, a menudo se despertaba temprano en la mañana y esperaba ansiosamente el momento de celebrar la Misa. Celebraba su Misa lenta y reverentemente, con evidente devoción. A menudo lloraba. Cuando se le preguntó por qué lloraba durante la Misa, el santo respondió: "No quiero derramar pequeñas lágrimas. Quiero derramar un torrente de lágrimas. ¿No ves el gran misterio de la Misa?". La creencia del Padre Pío en el poder de la Misa lo llenaba de amor por Dios. Decía: "A veces, durante la Misa, soy consumido por el fuego del Amor Divino. Mi cara parece arder". El Padre Pío celebró Misa todos los días, a veces tomando hasta tres horas para hacerlo, hasta su última Misa el 22 de septiembre de 1968, el día antes de su muerte.

Oremos,

Señor Jesús, ayúdame a amar el misterio de la Misa. Que cada duda y distracción que sufro dé paso a una mayor fe y amor. Mientras viva aquí abajo en la tierra, que la luz de la Eucaristía disipe todas las tinieblas de mi vida. Amén.

DÍA 35

El pelícano

"Señor Jesús, Pelícano bueno, límpiame a mí, inmundo, con tu Sangre, de la que una sola gota puede liberar de todos sus crímenes al mundo entero".

— Santo Tomás de Aquino

Un antiguo libro cristiano de Egipto cuenta que una madre pelícano picoteaba su propio pecho, junto a sus polluelos muertos. La sangre que brotó de la herida del ave tenía el poder de para devolverle la vida a los pichones. ¡Es una imagen definitivamente poderosa! A pesar de que los ornitólogos de hoy harían bien en poner en duda la veracidad científica de esta historia, el simbolismo es claro. Los cristianos antiguos y medievales vieron en el pelícano un símbolo de Cristo, cuya sangre nos trae nueva vida. En Hamlet, Shakespeare escribe: "A mis buenos amigos los recibiré con brazos abiertos, y como el pelícano amoroso, los alimentaré si necesario fuese con mi propia sangre". Cristo, extendiendo sus brazos sobre la cruz, derrama su sangre para que tengamos vida.

Oremos,

Señor Jesús, mis pecados me alejan de ti, causando tinieblas y muerte. Tu Preciosa Sangre, derramada en la cruz me renovará, ofreciendo a mi alma cansada perdón y nueva vida. Así como los pichones dependen de sus madres, que yo dependa de ti. Amén.

DÍA 36

Nuestro Pan Diario

El Padre del cielo nos insta, como hijos del cielo, a pedir el pan del cielo. [Cristo] mismo es el pan que, sembrado en la Virgen, resucitado en la carne, amasado en la Pasión, cocido en el horno del sepulcro, reservado en las iglesias, llevado a los altares, proporciona a los fieles cada día alimento celestial.

— San Pedro Crisólogo

Jesús nos enseñó a orar diciendo: "Padre nuestro que estás en los cielos, santificado sea tu nombre". En esta oración nos enseña a pedir nuestro pan de cada día: "Danos hoy nuestro pan de cada día" (en griego: *epiousios*). ¿Cuál es nuestro pan de cada día? Nuestro pan de cada día es el alimento que necesitamos para sustentarnos. ¡Sin comida no podemos vivir! Pero también es algo más. Pan *"Epiousios"* significa nuestro pan "supersustancial", nuestro pan "sobrenatural". La poetisa Raïssa Maritain hace una pregunta provocativa: "¿Podría Jesús, en el impulso de su amor, pensar en el alimento del que vive el hombre sin pensar al mismo tiempo en el don supremo de Sí mismo que vino a darnos, en el Pan que es su cuerpo?". ¡Este es el pan sin el cual no tenemos vida!

Oremos,

Padre Celestial, pongo mi vida en tus manos, pidiéndote que me des todo lo que necesito. Haz que acoja tu Palabra en la fe, dependiendo siempre de ti y de los planes que tienes para mí. Dame hambre del pan verdadero, el pan del cielo. Amén.

Adobe Stock Photo

Visita III de las *Visitas al Santísimo Sacramento*

San Alfonso María de Ligorio (1696–1787)

San Alfonso María de Ligorio fue un obispo, teólogo, músico, poeta, y escritor italiano. Fundó la Congregación del Santísimo Redentor (Redentoristas) y es ampliamente conocido por sus escritos morales y sobre la vida espiritual.

"Mi delicia es estar con los hijos de los hombres".
— Proverbios 8, 31

He aquí a nuestro Jesús, que no contento con haber dado la vida en este mundo por nuestro amor, todavía quiso permanecer con nosotros después de su muerte en el Santísimo Sacramento, declarando que entre los hombres halla sus delicias. ¡Oh hombres! (exclama Santa Teresa) ¿ cómo podéis ofender a un Dios, que asegura que con vosotros tiene sus delicias? Jesús halla sus delicias en nosotros; ¿y no las hallaremos en Jesús, nosotros singularmente, que hemos alcanzado la honra de habitar en su palacio? ¡Cuán honrados se juzgan aquellos vasallos a quienes el rey da lugar en su alcázar! Pues he aquí el palacio del Rey de los reyes, ésta es la casa donde habitamos con Jesucristo. Sepamos serle agradecidos y aprovecharnos de la conversación con el Señor. Aquí me tenéis, Señor mío y Dios mío, ante este altar, donde residís de día y de noche por mí. Vos sois la fuente de todo bien, Vos el médico de todos los males, Vos el tesoro de todos los pobres. Aquí tenéis ahora a vuestros pies a un pecador, el más pobre y más enfermo de todos, que os pide misericordia; tened compasión de mí. No quiero que mi propia miseria me desanime; porque veo que en este Sacramento bajáis del Cielo a la tierra, solamente para mi bien. Os alabo, os doy gracias y os amo; y si queréis que os pida alguna limosna, ésta os pido, oídme: No quiero ofenderos más, dadme luz y gracia para amaros con todas mis fuerzas. Señor, os amo con toda mi alma; os amo con todos mis afectos. Haced que lo diga de corazón, y que lo diga siempre en esta vida y por toda la eternidad. Virgen Santísima, Santos protectores míos, Ángeles y bienaventurados de la Gloria, ayudadme todos a amar a mi amabilísimo Dios.

DÍA 37

La Fiesta de los Siete Discípulos

"Muchas personas hoy en día dicen: 'Ojalá pudiera ver su figura, su apariencia, su ropa, sus sandalias'. ¡Solo mira! ¡Lo ves! ¡Lo tocas! ¡Te lo comes!".

— San Juan Crisóstomo

Después de su muerte y resurrección, Jesús se aparece a siete discípulos en el mar de Tiberíades. "Cuando salieron a la orilla, vieron unas brasas con pescado y pan". Santo Tomás de Aquino dice que la brasa representa el amor ardiente de Cristo. El pescado cocido representa a Cristo en su pasión, sufriendo por nosotros. El pan simboliza la enseñanza de Cristo, que nos sostiene. Luego, Jesús invita a los discípulos a traer los peces que han pescado. Se ofrecen a sí mismos (simbolizados por el pez) para ser cocidos en el fuego de la caridad, para imitar a Cristo en sus sufrimientos.

Oremos,

Señor Jesús, viniste a los discípulos después de tu Resurrección para fortalecer su fe. Creo que estás verdaderamente presente ante mí hoy en la Eucaristía. Como a los discípulos, te ofrezco mi vida, para que pueda ser transformado por la caridad. Amén.

DÍA 38

El sacerdote

"El sacerdote en quien lo sagrado oculta el aspecto humano perturba con su sola presencia las cosas oscuras y secretas que viven en nosotros. La tierra tiembla bajo los pies de Jesucristo".

— Paul Claudel

Dice el Cura de Ars: "El sacerdote sólo se comprenderá realmente a sí mismo en el cielo. Si se entendiera en la tierra moriría, no de miedo, sino de amor". El sacerdocio es un misterio extraordinario. Jesús escogió hombres para ser sus auxiliares, decidiendo que sus frágiles manos humanas llevarían las cosas del cielo. Cristo es el Sumo Sacerdote, el que intercede por nosotros ante el trono celestial. Todos los demás sacerdotes sirven por la gracia de Cristo. El monseñor Ronald Knox dice que el sacerdote es "una herramienta viva de Jesucristo. Presta sus manos para ser las manos de Cristo, su voz para ser la voz de Cristo, sus pensamientos para ser los pensamientos de Cristo". Las palabras que dice el sacerdote en la Misa no son sus propias palabras, ¡son las palabras de Cristo!

Oremos,

Señor Jesús, perdona los pecados de los sacerdotes que no han sabido ser tu mano y tu voz. Envía a tus santos ángeles a custodiar y proteger a tus sacerdotes en la viña. Que a través del ministerio de nuestros sacerdotes, incontables almas sean salvadas. Amén.

DÍA 39

La custodia

"Nuestro cuerpo es un cenáculo, una custodia: a través de su cristal el mundo debe ver a Dios".

— Santa Gianna Beretta Molla

La custodia, el recipiente dorado utilizado en la adoración, deriva su nombre en inglés, *monstrance*, del latín *monstrare*. *Monstrare* está relacionado con la palabra demostrar, que significa mostrar, o explicar. La custodia es el recipiente que muestra la Eucaristía, que señala hacia Cristo. Santa Faustina Kowalska dice: "No solo debemos recibir y adorar la Eucaristía, debemos vivir la Eucaristía. Debemos dejar que los rayos de la misericordia que salen de la custodia pasen a través de nosotros y salgan por todo el mundo". ¡Para ser santos, para desear la santidad, para crecer en la caridad cristiana, debemos convertirnos en pequeñas custodias, llevando a Cristo a cada alma!

Oremos,

Señor Jesús, que de mi corazón salgan rayos de tu amor y misericordia. Que mi vida sea modelada por la tuya, que la gente te vea en mí. Que siempre te muestre. Amén.

DÍA 40

Una promesa de gloria futura

"Nuestro objetivo debe ser infinito, no finito. El infinito es nuestra patria. El cielo nos ha estado esperando desde siempre".

— Beato Carlo Acutis

La Eucaristía es el sacramento de la esperanza; es una promesa, una prenda de lo que está por venir. El Beato Carlo Acutis dice: "Cuanta más Eucaristía recibamos, más seremos como Jesús, para que en esta tierra tengamos un anticipo del cielo". En la Eucaristía miramos con anhelo y expectación la vida futura. Las Escrituras dicen: "Amados, ahora somos hijos de Dios; lo que seremos aún no ha sido revelado. Sabemos que cuando se manifieste seremos semejantes a él, porque le veremos tal como él es" (1 Jn 3, 2). Asimismo, San Pablo dice: "ahora vemos como en un espejo, veladamente, pero entonces veremos cara a cara; ahora conozco en parte, pero entonces conoceré plenamente, como soy conocido." (1 Cor 13, 12). Ahora vemos a Cristo en la Eucaristía, pero en el cielo lo veremos cara a cara.

Oremos,

Señor Jesús, aliméntame mientras camino por el camino de esta vida terrenal. Aumenta mi fe para que pueda verte cada vez con más confianza obrando en mi vida. Inspírame la esperanza de que pueda desear las cosas buenas por venir más que cualquier otra cosa. Lléname de caridad para que un día pueda reinar contigo en la gloria. Amén.

Adobe Stock Photo

Vivir de Amor

Santa Teresa de Lisieux (1873–97)

Santa Teresa del Niño Jesús y la Santa Faz fue una monja carmelita francesa cuya doctrina del "caminito" predicaba la santidad en la vida cotidiana.

La noche del Amor, ya sin parábolas,
Jesús decía: "si alguien quiere amarme,
toda su vida guarde mi palabra;
y le visitaremos yo y mi Padre

Viniendo a él, por siempre lo amaremos,
¡su corazón será nuestra mansión!
¡Queremos que él esté,
lleno de paz, en nuestro Amor!"

Vivir de amor quiere decir tenerte,
Verbo increado de mi Dios Palabra.
Tú bien sabes, Jesús, que yo te amo
y el Amor de tu Espíritu me inflama.

Sé que, amándote a ti, me atraigo al Padre
y lo guarda mi pobre corazón.
¡Oh, Trinidad , los tres sois prisioneros
de mi amor!

Vivir de amor vivir es de tu vida,
glorioso Rey, delicia de los santos.
Por mí vives oculto en una hostia,
¡por ti quiero esconderme en el sagrario!

Soledad necesitan los amantes,
siempre estar corazón con corazón.
Me hace feliz tan sólo tu mirada,
¡vivo de amor!

Vivir de amor es darse sin medida,
sin reclamar salario aquí en la tierra.
Yo doy sin llevar cuentas ¡muy segura
de que en el amor el cálculo no entra!

Le he dado todo al Corazón divino,
pura ternura; así, ligera voy
Sin más carga que mi única riqueza:
vivir de amor.

Vivir de amor es disipar el miedo
y el recuerdo de las faltas del pasado.
De mis pecados no percibo huellas,
pues el amor de Dios las ha borrado.

¡Llama divina, purgadora hoguera!,
mi morada establezco en tu fogón,
y entre tus llamas yo canto a mi gusto:
¡Vivo de amor!

Vivir de amor guardar es en sí misma
un gran tesoro en un vaso mortal;
Mi flaqueza es extrema, Amado mío,
¡lejos de ser un ángel celestial!

Mas si es verdad que caigo a cada paso,
vienes, por levantarme, en mi favor;
a cada instante Tú me das la gracia:
¡Vivo de amor!

Vivir de amor es navegar sin tregua,
sembrando paz y gozo en las Hermanas;
Me urge la caridad, Piloto amado,
pues te veo en todas las almas.

La caridad me guía, ella es mi estrella,
A su luz voy bogando sin error.
Mi divisa está escrita en mi velamen:
"Vivir de amor"

Vivir de amor cuando Jesús se duerme
en medio de una mar embravecida,
¡oh, no temas, Señor, que te despierte!,
espero en paz la celestial orilla.

La fe muy pronto romperá su velo,
la esperanza adivina su fulgor,
la caridad mi vela hinchada empuja,
¡vivo de amor!

Morir de amor, esta es mi recompensa,
cuando vea romperse mis cadenas;
otros bienes no quiero poseer.
Mi Dios será mi gran recompensa.

Por su amor abrasada quiero ser,
deseo verle en eternal fusión.
Ese es mi cielo, ese es mi destino,
¡Vivir de amor!

MY DAILY VISITOR
ADVENT
MY DAILY VISITOR
LENT

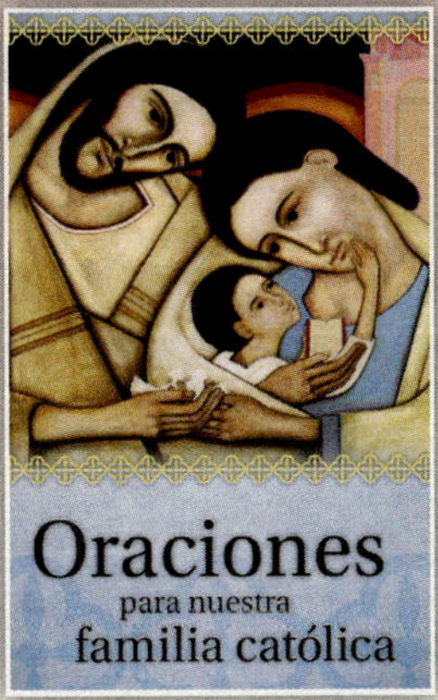

Oraciones para nuestra familia católica

T1603

978-1-61278-797-8

$3.95

Las bases de nuestra fe comienzan en el hogar. Este libro es un recurso útil y accesible para la enseñanza de oraciones católicas básicas y vivificantes, y para redescubrir el poder de la oración en familia. Aprender a orar a una edad temprana tiene un valor incalculable. Esto nos permite unirnos plenamente en la oración en familia y en la oración comunitaria, desarrollar hábitos de oración para toda la vida y acercarnos a Dios en una unión más estrecha.

Ahora, en un práctico libro, ustedes tienen todo lo que necesitan aprender:

- Nuestras oraciones católicas básicas como el Padre Nuestro, el Ave María y el Gloria al Padre

- Oraciones diarias para su familia, tales como las Oraciones matutinas, Ángel de Dios y el Acordaos

- Oraciones provenientes de los Sacramentos como la Oración del penitente y el Credo de los Apóstoles

- Oraciones con los Santos y mucho más.

Comprar en OSVCatholicBookstore.com

Otros libros en español de OSV

Los Libros de la Biblia Nuevo Testamento: Lectio Divina en Familia

Este libro incluye los cinco pasos básicos en la práctica de la Lectio Divina, una variedad de mapas, una cronología visual de la Biblia que incluye eventos mundiales e invitaciones a cada uno de los libros que ayudan a darle un rico contexto a su lectura.

Catecismo de la Iglesia Católica, Segunda Edición

Catecismo de la Iglesia Católica explica claramente las creencias de la Iglesia.

Christus Vivit: A Los Jóvenes y a Todo el Pueblo de Dios

Papa Francisco

Christus Vivit está escrita por jóvenes y para jóvenes, pero el Papa Francisco también la escribió para toda la Iglesia porque, como él dice, la reflexión sobre los jóvenes nos inspira a todos.

El Pastor Que No Huyó: Beato Stanley Rother, mártir de Oklahoma

María Ruiz Scaperlanda

La historia de un sacerdote de Oklahoma que no abandonó su parroquia en Guatemala y fue martirizado durante la Guerra Civil de Guatemala a la edad de 46 años.